Mainak Saha

Metalurgia Extractiva de Ferrosos e Não Ferrosos

Mainak Saha

Metalurgia Extractiva de Ferrosos e Não Ferrosos

Para os principiantes

ScienciaScripts

Cover image: www.ingimage.com

This book is a translation from the original published under ISBN 978-620-2-01417-5.

Publisher:
Sciencia Scripts
is a trademark of
Dodo Books Indian Ocean Ltd. and OmniScriptum S.R.L publishing group

120 High Road, East Finchley, London, N2 9ED, United Kingdom
Str. Armeneasca 28/1, office 1, Chisinau MD-2012, Republic of Moldova, Europe
Printed at: see last page
ISBN: 978-620-7-68396-3

ÍNDICE

Dedicado aos meus pais

Documento 1

UM BREVE ESTUDO DA EFICIÊNCIA ENERGÉTICA EM VIAS ALTERNATIVAS DE EXTRACÇÃO DE ALUMÍNIO E MAGNÉSIO

Mainak Saha[1]

[1]Departamento de Engenharia Metalúrgica e de Materiais, Instituto Nacional de Tecnologia, Durgapur, Índia

(mainaksaha1995@gmail.com)

RESUMO

Atualmente, a produção de alumínio a partir dos seus minérios baseia-se no processo Bayer (produção de alumina) e no processo Hall-Heroult (produção de Al). O custo associado à produção de alumina e as desvantagens aparentes, como o elevado consumo de energia do processo Hall-Heroult, levaram a uma investigação intensiva para encontrar vias alternativas para a produção de alumínio. O processo direto tem sido investigado exaustivamente como uma técnica alternativa. Outra alternativa inclui a via indireta de redução carbotérmica, em que a alumina (ou minérios aluminosos) é primeiro reduzida a compostos intermédios de Al antes de ser reduzida a Al. O magnésio é um metal leve que é utilizado em aplicações estruturais e também como aditivo nas indústrias química e metalúrgica. A atual via dominante para a produção de magnésio é através dos processos de Pidgeon e eletrolítico, que requerem energia intensiva e elevados custos de capital. Assim, a eficiência energética de vias alternativas para a extração de Mg, tais como Mintek e processos de membrana de óxido sólido (SOM), juntamente com o processo carbotérmico direto (apenas) para a extração de Al, é discutida e destacada neste documento.

PALAVRAS-CHAVE:

Processo carbotérmico direto para o Al;Processo Mintek para o Mg;Processo de óxido sólido para o Mg;Processo Hall-Heroult;Processo Magnetherm para o Mg;Zona de fixação do arco (AAZ)

1. PROCESSOS DE REDUÇÃO CARBOTÉRMICA DIRECTA PARA EXTRACÇÃO DE AL

A redução carbotérmica direta da alumina em alumínio tem potencial para aumentar as emissões de gases com efeito de estufa, em comparação com o processo Hall Heroult. Está bem estabelecido que a redução carbotérmica direta do óxido de ferro, através da tecnologia de alto-forno, oferece uma produtividade e uma eficiência energética muito maiores do que qualquer processo eletrolítico comparável. Uma grande dificuldade associada aos processos de redução carbotérmica da técnica anterior é o facto de terem dependido de fornos aquecidos eletricamente como principal fonte de energia. É sabido que quando a eletricidade é produzida pela combustão de combustíveis fósseis, apenas uma pequena parte do valor calorífico do combustível é recuperada como eletricidade. Por conseguinte, os processos eléctricos da técnica anterior para a redução carbotérmica do alumínio a partir do Al são relativamente consumidores de energia. Na primeira etapa deste método, é produzido carboneto de alumínio e, numa segunda etapa, o carboneto de alumínio e a alumina reagem a uma temperatura superior à da primeira etapa para produzir alumínio. O monóxido de carbono gasoso aquecido que se desenvolve em ambas as etapas é utilizado para pré-aquecer os reagentes. No entanto, em vez de se dispor de um reator em pilha, a primeira fase é realizada numa zona de baixa temperatura e a segunda fase numa zona de alta temperatura, estando as duas zonas em locais diferentes, geralmente ao mesmo nível. A reação é realizada através da circulação de um fluxo de escória fundida através de zonas sucessivas de baixa e alta temperatura. Os reagentes não são aquecidos pela combustão parcial do carbono, pelo que uma parte importante das necessidades energéticas tem de ser satisfeita por eletricidade. A produção de alumínio através do processo eletrolítico de Hall-Heroult apresenta elevadas necessidades energéticas, libertação de perfluorocarbonetos e grandes emissões de gases com efeito de estufa. A redução carbotérmica alternativa da alumina, embora significativamente menos intensiva em energia, é complicada pela formação de carboneto de alumínio e oxicarbetos. No presente trabalho, a formação de Al, bem como de Al_2OC, Al_4O_4C e Al_4C_3 foi comprovada por experiências em misturas de Al_2O_3 e carvão ativado numa atmosfera de Ar submetida a impulsos de calor por um forno de indução. Cálculos de equilíbrio termoquímico indicam que a redução de Al_2O_3 usando carbono como agente redutor é favorecida na presença de quantidades limitadas de oxigénio. O limiar de temperatura para o início da produção de alumínio é reduzido, a formação de Al_4C_3 é diminuída e o rendimento do alumínio é melhorado. Prevê-se um aumento significativo na redução carbotérmica de Al_2O_3 utilizando CH_4 como agente redutor, novamente na presença de quantidades limitadas de oxigénio. Neste caso, um subproduto importante é o gás de síntese, com uma razão molar H_2/CO de cerca de 2, adequado para a síntese de metanol ou de Fischer-Tropsch. Usando alumina, metano e oxigénio como reagentes, a coprodução de alumínio com gás de síntese, a ser convertido em metanol, prevê uma economia de combustível de cerca de 68% e uma prevenção de emissões de CO_2 de cerca de 91%, face à produção convencional de Al por eletrólise e de metanol por reforma a vapor de CH_4. Ao utilizar o carbono (como o coque ou o coque de petróleo) como agente redutor, prevê-se uma poupança de combustível de 66% e uma redução das emissões de CO_2 de 15%. Prevê-se uma redução de 15% das emissões. A avaliação preliminar do processo proposto indica uma economia favorável, e o calor necessário para o processo a altas temperaturas pode ser facilmente obtido utilizando energia solar concentrada.

Ensaios experimentais:

Foi aplicado um método de análise térmica diferencial para estudar o sistema alumínio-oxigénio-carbono a pressões reduzidas a 1700-2200° C.Foi aplicado um método de análise térmica diferencial para estudar o sistema alumínio-oxigénio-carbono a pressões reduzidas a 1700-2200θC. Os resultados indicaram que a redução direta de acordo com a Eq. (1) não ocorreu. Em vez disso, propôs-se que o Al fosse formado pelas seguintes etapas que ocorrem a temperaturas progressivamente mais elevadas na ordem indicada, resultando na reação global Propôs-se que o Al fosse formado pelas seguintes etapas que ocorrem a temperaturas progressivamente mais elevadas na ordem indicada, resultando na reação global No presente trabalho, a redução carbotérmica deAl_2O_3 misturado com carvão ativado foi examinada inicialmente por termogravimetria associada a cromatografia gasosa de produtos gasosos e pelo aquecimento das misturas acima referidas num forno de indução.

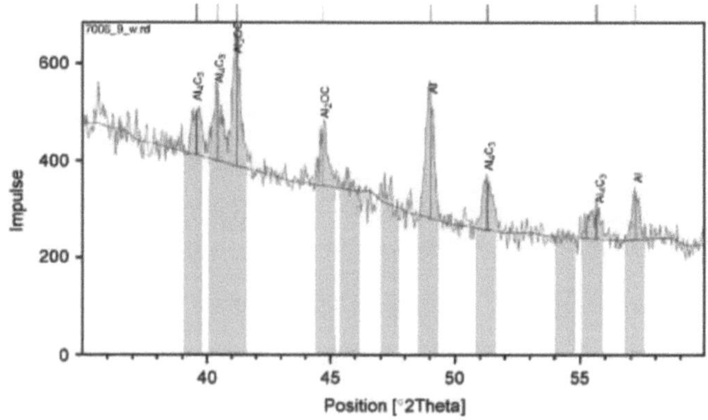

Fig. 1. XRD spectrum of the wall deposit after induction furnace heating of an Al_2O_3-active carbon mixture.

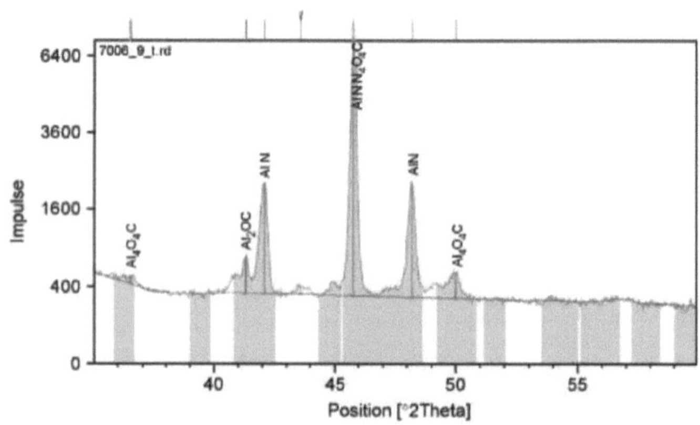

Fig. 2. Espectro de XRD do resíduo do cadinho após aquecimento em forno de indução de uma mistura de Al_2O_3-carbono ativo.

Por termogravimetria:

Uma mistura de Al_2O_3 e carvão ativo (Fluka 5105, ca. 85%) (razão molar 1:3) num cadinho de grafite foi colocada no suporte de amostras de um termogravímetro de alta temperatura (Netzsch STA 409) sob um fluxo constante de Ar de 200 ml/min. Os gases envolvidos foram recolhidos de 3 em 3 minutos para cromatografia gasosa (MTI Micro GC P200, equipado com uma coluna MS 5A e um detetor TC). A temperatura foi aumentada a uma taxa de 40° C/min até 1550° C, e depois mantida a esta temperatura durante 10 h. A perda de peso observada foi de 54,0% da necessária e a quantidade de CO determinada por cromatografia gasosa foi de 15% da teórica. O resíduo no cadinho foi identificado por XRD como sendo constituído principalmente por Al4C3. Não foi detectado qualquer Al nas paredes do reator. Esta análise foi efectuada com um aparelho Philips X'Pert MPD/DY636 e a identificação dos picos foi realizada com o Philips Analytical Software for XRD. Numa experiência semelhante, os reagentes foram mantidos durante 17 h a 1766θC, resultando numa perda de peso de 71,4%, novamente sem formação de Al. Os cálculos de equilíbrio termoquímico foram efectuados utilizando os códigos dos programas CET85 e FactSage, assumindo sistemas fechados. Os resultados foram expressos como fracções molares em função da temperatura, todos à pressão de 1 bar. Os produtos com fracções molares inferiores a 10 5 não foram considerados.

As entalpias de reação foram calculadas utilizando os dados do livro web de química do NIST. Verificou-se que a redução substancial de Al2O3 a Al ocorre apenas acima do ponto de fusão do Al, 933,5 K, e que é quase completa apenas perto do ponto de ebulição, 2767 K. Foram examinados quatro casos diferentes no que diz respeito à prevenção de emissões de CO2, poupança de combustível e economia - todos para uma fábrica anual proposta abastecida com 0,102*106ton de Al2O3 - com reagentes iniciais descritos por:

(a) Al2O3+4CH4+0,4O2

;(b)Al2O3+4C+0,6O2;

(c)Al2O3+28.9C+13O2

;(d)Al2O3+4C.

A redução carbotérmica de Al2O3 é simulada com uma mistura inicial de reação de Al2O3+4C.

O excesso de carbono não utilizado aparece como o produto C(gr).

O rendimento de Al de acordo com a Eq. (8) é de 85,4%.

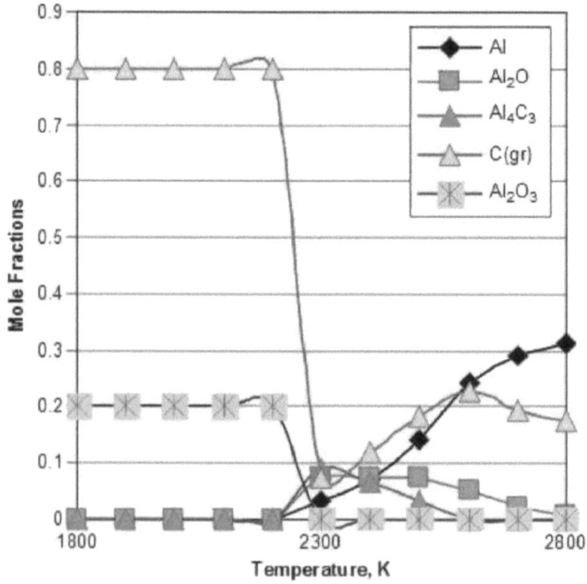

Fig. 3. Equilibrium composition as a function of temperature for the system $Al_2O_3 + 4C$ at 1 bar total pressure.

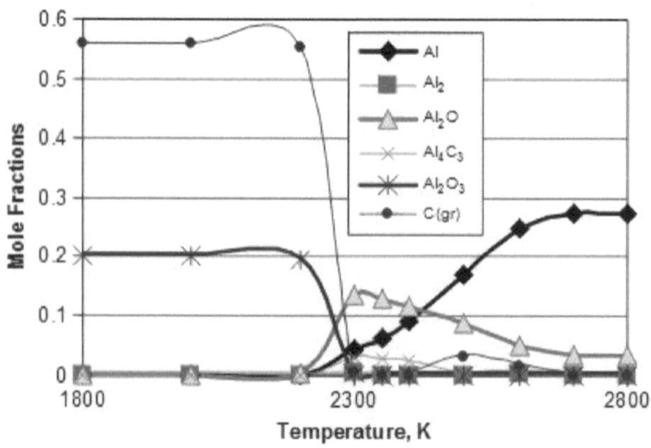

Fig. 4. Equilibrium composition as a function of temperature for the system $Al_2O_3 + 4C + 0.6O_2$ at 1 bar total pressure.

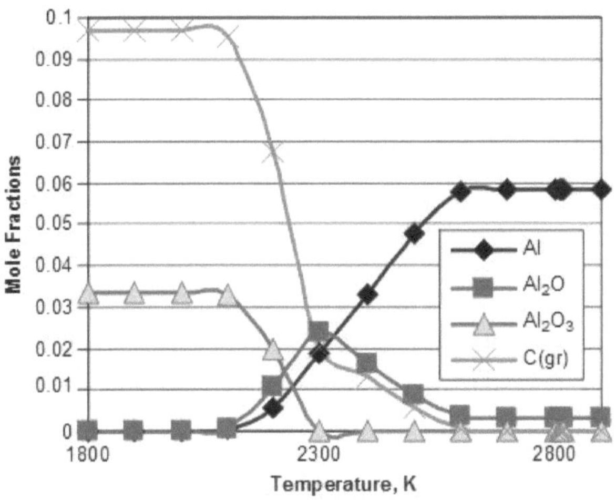

Fig. 5. Equilibrium composition as a function of temperature for the system $Al_2O_3 + 28.9C + 13O_2$ at 1 bar total pressure.

Este documento calcula a energia mínima teórica, assumindo que os reagentes entram e os subprodutos saem do sistema à temperatura ambiente e que o alumínio fundido sai do sistema a 960°C. Mudanças na temperatura de operação de uma célula têm um efeito menor nos requisitos teóricos de energia, por exemplo, mudanças de operação de 100°C em uma célula de Hall-Héroult, operando na faixa de 700°C a 1.100°C, resultam em menos de 1% de mudança. Alguns estudos assumem que os gases envolvidos durante a redução deixam o sistema à temperatura do metal fundido. Teoricamente, é possível capturar toda a energia associada a essas emissões gasosas. Três fatores energéticos devem ser examinados na produção de alumínio: a energia necessária para impulsionar a reação de redução, a energia necessária para manter o sistema a pressão e temperatura constantes e a energia necessária para alterar a temperatura dos reagentes e/ou produtos. A termodinâmica e o equilíbrio químico das reacções são descritos pela equação de Gibbs: $\Delta G = \Delta H - T\Delta S$. A energia necessária para fazer avançar a reação é a energia livre de Gibbs (ΔG). Para a redução da alumina, ΔG é inferior ao calor de reação (ΔH) e deve ser adicionada energia adicional (ΔH - ΔG) ao sistema para manter a temperatura do sistema. Caso contrário, o sistema arrefeceria à medida que a reação avançasse. (As células de redução funcionam em condições atmosféricas e a redução não provoca qualquer alteração da pressão). A energia necessária para alterar a temperatura dos reagentes e dos produtos é calculada a partir das suas capacidades caloríficas (Cp). Assume-se que a reação teórica de Hall-Héroult ocorre em condições perfeitas, em que não há reacções inversas, nem reacções parasitas que consumam carbono anódico adicional, nem limitações às espécies iónicas que reagem nos eléctrodos, nem perdas de calor ou de energia externas ao sistema. A energia necessária para fazer avançar a reação (ΔG) é de 5,11 kWh/kg, a energia térmica necessária para manter a temperatura do sistema é de 0,49 kWh/kg e a energia térmica associada ao alumínio fundido é de 0,39 kWh/kg de Al. A necessidade teórica mínima de energia é de 5,99 kWh/kg de Al. A lei de Faraday fornece a amperagem mínima necessária para a redução electrolítica, 2,980 Ah/kg Al. A energia livre de Gibbs dividida pela amperagem de Faraday fornece a voltagem mínima necessária para fazer avançar a reação. A tensão da célula e a eficiência da corrente são variáveis controláveis por projeto e determinam a potência eléctrica necessária para a redução da alumina. Na prática, as células electrolíticas têm ineficiências significativas e funcionam acima da tensão mínima exigida. Este excesso de tensão fornece a energia térmica necessária para manter o equilíbrio do sistema (ΔH- ΔG) e para produzir material fundido (Cp). Nas operações reais das células de ânodo de carbono, as eficiências de corrente inferiores a 100% resultam de reacções de oxidação inversa entre parte do metal de alumínio que está dissolvido no criolito e o gás de dióxido de carbono. . A elevada eficiência de corrente das tecnologias existentes deixa poucas oportunidades para reduzir a amperagem. Uma vez que a eficiência da corrente é elevada, a redução da tensão da célula apresenta as melhores oportunidades para melhorar a eficiência energética. O carbono é consumido durante o processo de reação e dá ao processo uma necessidade teórica de energia mais baixa (7,32 kWh/kg Al) do que a redução direta da alumina. Se se assumir uma eficiência térmica de 85% e uma eficiência de reação de 95%, um reator carbotérmico necessitaria de 9,07 kWh/kg de Al, o que representa uma redução de 40% da energia. A reação carbotérmica resulta na produção de gases com efeito de estufa (GEE) à base de carbono, principalmente monóxido de carbono (CO), a uma taxa duas vezes superior à da reação de Hall-Héroult. No entanto, o processo carbotérmico requer eletricidade apenas para aquecimento e não para eletrólise. As emissões totais de gases com efeito de estufa (GEE) do processo carbotérmico são cerca de 8% inferiores às de uma célula Hall-Héroult moderna.

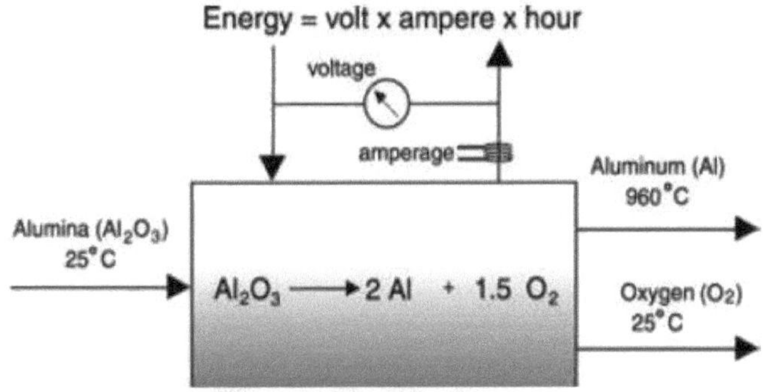

Theoretical System

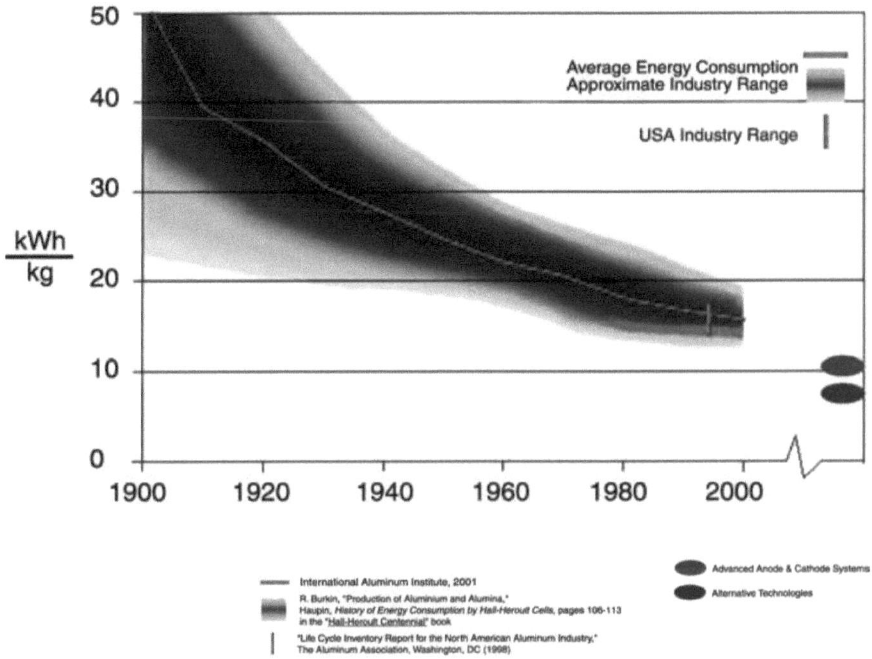

Source: Burkin

Primary Aluminum Electric Energy Consumption

Primary Aluminum Electric Energy Consumption 1900 to 2000 (Consumo de energia eléctrica no alumínio primário de 1900 a 2000), mostra as melhorias significativas em termos de energia eléctrica registadas entre 1900 e 2000. O consumo de eletricidade no local varia de menos de 13 kWh/kg de Al para as fábricas mais modernas até mais de 20 kWh/kg de Al (as fábricas dos EUA em 1995 tinham uma média de 15,4 kWh/kg de Al (The Aluminum Association,1998)). Em comparação com os valores teóricos, as instalações dos EUA têm uma eficiência energética média de cerca de 35%. Existe uma amperagem mínima de célula necessária para produzir alumínio (2980 Ah/kg Al).

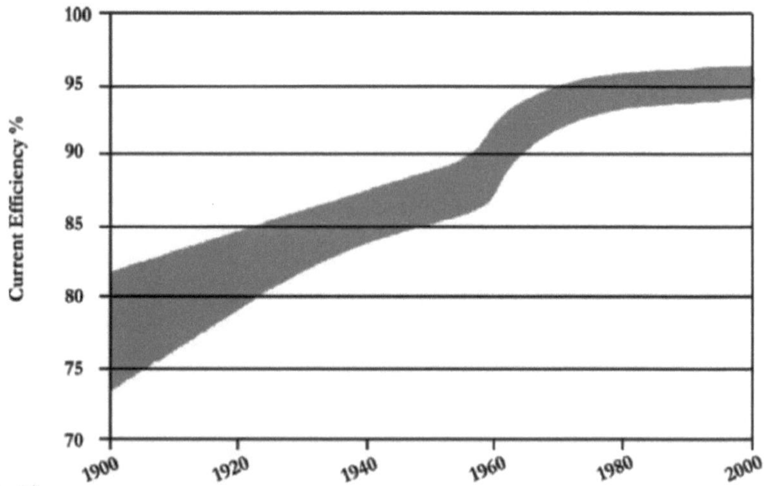

Source: Burkin

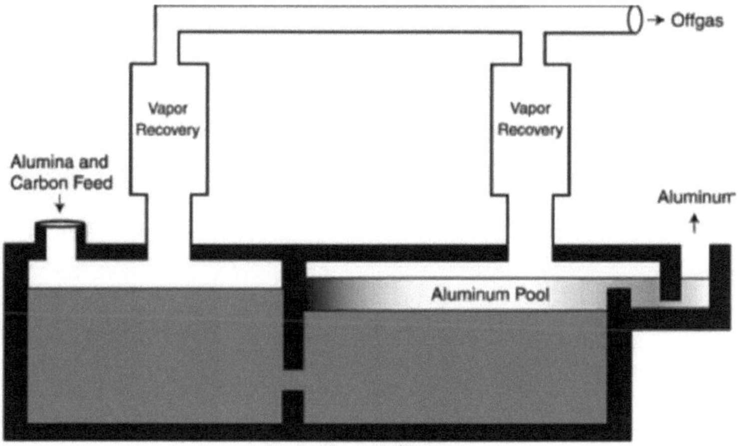

Carbothermic Reactor

2. PROCESSO MINTEK DE EXTRACÇÃO DE Mg

O processo Mintek é um processo silicotérmico descontínuo de grande escala que funciona à pressão atmosférica. O processo Mintek tenta ultrapassar as dificuldades operacionais e de produtividade associadas a um processo anterior de grandes lotes, designado por processo Magnetherm. Neste processo, para atingir um nível economicamente aceitável de extração de magnésio e uma taxa de produção de Mg(V), a temperatura de funcionamento do forno tem de ser aumentada acima da utilizada nos processos Magnetherm da Pechiney. O consumo de energia eléctrica pode, por conseguinte, ser mais elevado. O processo de fusão de matérias-primas contendo magnésio à pressão atmosférica durante a fundição por arco elétrico de corrente contínua é influenciado por vários factores, incluindo a temperatura, a escolha da receita de alimentação, a profundidade das escórias em relação ao diâmetro do forno e as reacções na zona de fixação do arco (AAZ). Como indicado anteriormente, a temperatura de funcionamento do forno tem de ser superior a 1600°C; pode chegar aos 1800°C para atingir um grau de extração de magnésio e uma taxa de extração economicamente aceitáveis e para permitir uma extração contínua de escória, mantendo o consumo de energia eléctrica do forno tão baixo quanto possível. Como o banho de escória não é agitado externamente, a uniformidade da temperatura da escória pode tornar-se um problema: pode ocorrer a segregação de componentes de escória de alto ponto de fusão e o seu possível congelamento nas paredes laterais do forno e/ou na soleira. Uma forma simples de ultrapassar esta dificuldade potencial é otimizar a relação entre a profundidade da escória e o diâmetro interno do forno. O consumo de energia eléctrica pode, por conseguinte, ser mais elevado. No processo de fundição de matérias-primas contendo magnésio à pressão atmosférica durante o arco elétrico DC é influenciado por vários factores, incluindo a temperatura, a escolha da receita de alimentação, a profundidade da escória em relação ao diâmetro do forno e as reacções na zona de fixação do arco (AAZ). Como indicado anteriormente, a temperatura de funcionamento do forno tem de ser superior a 1600°C; pode chegar aos 1800°C para atingir um grau de extração de magnésio e uma taxa de extração economicamente aceitáveis e para permitir uma extração contínua de escória, mantendo o consumo de energia eléctrica do forno tão baixo quanto possível. Como o banho de escória não é agitado externamente, a uniformidade da temperatura da escória pode tornar-se um problema: pode ocorrer a segregação de componentes de escória de alto ponto de fusão e o seu possível congelamento nas paredes laterais do forno e/ou na soleira. Uma forma simples de ultrapassar esta dificuldade potencial é otimizar a relação entre a profundidade da escória e o diâmetro interno do forno. Um esquema da planta piloto de magnésio de 100kg/h é mostrado na próxima página. O equipamento é constituído por uma fonte de alimentação de 1,5 MW (10kA), um forno de arco de corrente contínua, um sistema de alimentação de matérias-primas, um condensador de magnésio, uma câmara de combustão, um sistema de limpeza de gases e alguns outros equipamentos auxiliares. O sistema de alimentação hermético é constituído por três silos de compensação (silos superiores) e três silos de pesagem (silos inferiores), com dimensões que variam entre 60 l e 550 l. Cada par de silos superiores/inferiores destina-se a fornecer uma matéria-prima específica ao forno. O sistema de alimentação foi concebido para alimentar 250 a 500 kg/h de cal dolomítica quente (até 900°C), 40 a 80 kg/h de ferro-silício e 15 a 60 kg/h de alumínio para produzir 50 a 100 kg/h de vapor de magnésio. Os silos superiores estão equipados com linhas de árgon e de vácuo para purga, depois de lhes serem carregados lotes de matérias-primas. Entre cada par de silos estão colocadas válvulas herméticas. Os alimentadores vibratórios são utilizados para carregar o ferro-silício e o alumínio, enquanto um alimentador rotativo é utilizado para alimentar a cal dolomítica no forno. O forno tem um diâmetro interno, ao nível da escória, de cerca de 1200 mm, e um diâmetro de concha de 1900 mm. A área da lareira é revestida com blocos de carbono, enquanto os refractários à base de magnésia são utilizados para a face quente, acima do nível da escória (devido à erosão do refratário da parede lateral, foi utilizada uma receita de escória neutra para aquecer o forno e para formar um revestimento de congelação, como será discutido mais tarde). A ligação do ânodo consiste em duas barras de grafite, cimentadas nos blocos de carvão. As barras de grafite estão ligadas aos cabos do ânodo através de pinos de cobre arrefecidos por água. O invólucro do forno está equipado com refrigeração por pulverização de água. São utilizados painéis arrefecidos a água no teto cónico, que é revestido com alumina fundida. O telhado contém um orifício de entrada central para o elétrodo de grafite, uma conduta de efluentes gasosos e um orifício de alimentação. A vedação do elétrodo é constituída por um fole flexível de aço inoxidável. O orifício de saída de gás contém tijolos à base de vermiculite, por detrás do revestimento de alumina a quente.

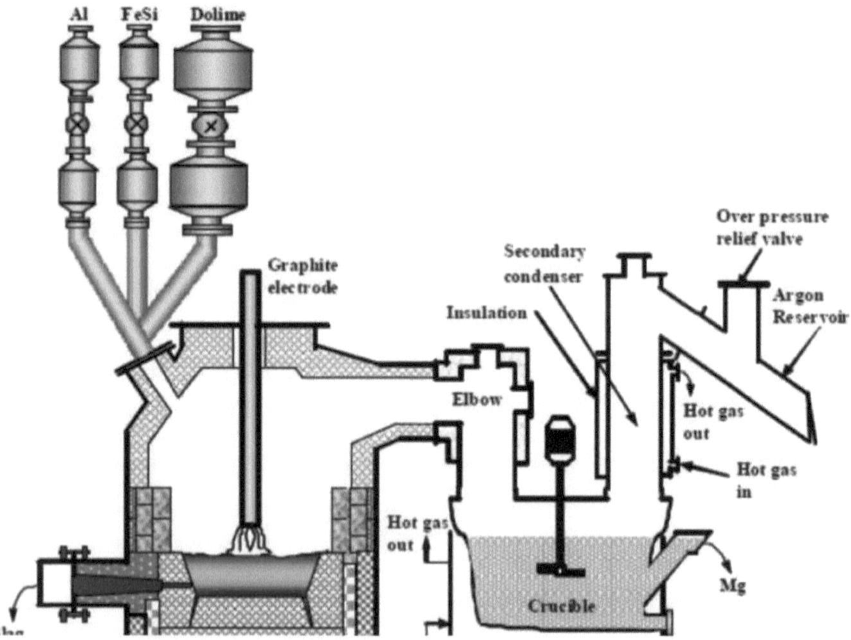

Layout of the MTMP pilot plant

Um condensador radicalmente novo, concebido com base em determinados princípios, a fim de permitir o funcionamento contínuo (semi-contínuo) da instalação durante um período de tempo alargado. Permite a remoção do magnésio condensado juntamente com quaisquer óxidos que possam estar presentes. As restrições de fluxo e os bloqueios no sistema do condensador são também tratados em linha sem interromper a produção de magnésio. A nova configuração do condensador inclui uma secção em cotovelo, um cadinho, um condensador secundário, um agitador e êmbolos para a eliminação de bloqueios. A secção superior do condensador (cotovelo) incorpora um material refratário termicamente isolante, entre mangas concêntricas de aço inoxidável 3Cr12 (aço ferrítico desenvolvido pela Southern Africa Stainless Steel Development Association, SASSDA), com um diâmetro interior de 400 mm. O cotovelo forma a ligação entre o forno e o cadinho de condensação. O cadinho do condensador é constituído por um invólucro de aço cilíndrico, um fundo côncavo e uma placa superior plana. O cadinho tem 1,2 m de diâmetro, 1,3 m de altura e é feito de chapa de aço 3CR12 com 28 mm de espessura. A secção superior é alargada para encaixar a entrada e a saída num cadinho de diâmetro relativamente pequeno. Durante o funcionamento, o nível de magnésio é mantido entre o fundo e o meio da caixa de transbordo, para um funcionamento eficaz do condensador. O impulsor do agitador é projetado para criar um vórtice de forma a puxar os óxidos e o vapor de magnésio. O cadinho do condensador contém três deflectores para quebrar o movimento centrífugo que é induzido pelo agitador e para melhorar a mistura. Um condensador secundário está ligado atrás do cadinho e consiste num tubo cilíndrico de aço 3CR12, com 400 mm de diâmetro e 1,7 m de comprimento. A área de superfície do condensador secundário é projectada de modo a ser suficiente para condensar todo o vapor de magnésio produzido no forno. O sistema de condensação inclui também dois queimadores de propano para o pré-aquecimento do cadinho de condensação e do condensador secundário, e para manter a temperatura do condensador entre 650°C e 750°C durante a produção de magnésio. Três êmbolos hidráulicos estão incluídos para a limpeza em linha de bloqueios na conduta de passagem entre o forno e o condensador, no cotovelo e no condensador secundário. O sistema de evacuação de gases é constituído por um reservatório de árgon (aço macio, 350 mm de diâmetro), equipado com um dispositivo de válvula de aba concebido para impedir a entrada de uma grande quantidade de ar no condensador através da câmara de combustão, e um disco de libertação de pressão. A câmara de combustão é revestida de refratário e equipada com um queimador piloto para oxidar o magnésio não condensado, o monóxido de carbono e o hidrogénio. O filtro de mangas de impulso inverso destina-se a separar o magnésio oxidado dos gases de escape e a libertar apenas ar limpo e árgon para a atmosfera. O equipamento auxiliar inclui uma estação de limpeza do condensador, um conjunto de máquina de perfuração-pistola de lama para a extração de escórias, etc. A cal é aquecida num forno elétrico. A temperatura do forno varia entre 1000-1100degC, e foi rodado a 3.0-3.5rpm. A taxa de alimentação varia de acordo com os requisitos do forno e oscila entre 250-400kg/h. A cal dolomítica aquecida é recolhida em silos de transferência revestidos de refractários e depois descarregada no sistema de alimentação do forno. As temperaturas registadas na tremonha superior da cal dolomítica indicaram uma temperatura da cal dolomítica de 550-630degC, em comparação com 640-750degC medida na descarga do forno. A taxa de alimentação total do forno é, em média, de cerca de 525 kg/h (10,7% FeSi, 5,5% Al, sendo o resto cal dolomítica) e a duração da alimentação é de cerca de 2,5 horas, o que dá um tamanho de lote de 1300 kg. A receita de alimentação é selecionada com base na relativa facilidade de vazamento da escória resultante às temperaturas utilizadas. Comercialmente, a receita será largamente ditada pela economia global do processo. Cerca de 30 toneladas de receita de produção de magnésio foram processadas em 22 operações de alimentação e vazamento, onde 24 toneladas de escória são produzidas. As perdas de energia do forno são, em média, de cerca de 360 kW. A potência de funcionamento é de cerca de 780kW, em média, e varia entre 680 e 870kW, dependendo da taxa de alimentação, das perdas de energia do forno e da temperatura da cal dolomítica, medida no seu contentor de pesagem. Durante o período de fusão, é utilizada uma tensão de funcionamento de 180 a 200 V. As gamas de funcionamento da tensão de alimentação resultam num comprimento de arco de 100-250 mm (arco mais curto no final do lote, onde a profundidade da escória é de 430-460 mm, arco mais longo no início do período de alimentação, onde a profundidade da escória é de 801-50 mm). É interessante notar que a utilização do silício (proporção do silício metálico na alimentação que reage para produzir vapor de magnésio) varia entre 84 e 88%. O valor mais baixo foi obtido a partir da massa de escória e do seu teor médio de SiO2, enquanto o valor mais elevado se baseia no teor de Si no FeSi residual extraído e assumindo que todo o ferro na alimentação é transferido para o FeSi residual. Além disso, o consumo do elétrodo é determinado em 0,89 kg/MWh. Note-se que é utilizado um elétrodo de grafite com 200 mm de diâmetro e que a densidade da corrente eléctrica é, em média, de 13,7 A/cm2 durante a campanha. Este valor de consumo de eléctrodos é relativamente baixo e pode contribuir para melhorar a disponibilidade global da instalação numa instalação comercial, uma vez que a adição de eléctrodos seria menos frequente. Além disso, a utilização de agentes coalescentes especiais para o magnésio (AlF3, por exemplo) na fase de refinação pode ser significativamente reduzida, uma vez que o carbono presente no metal bruto seria menor.

3. processo de membrana de óxido sólido para extração de mg

O processo de membrana de óxido sólido (SOM) pode ser uma alternativa ao processo eletrolítico. Neste processo, a redução do óxido de magnésio dissolvido em electrólitos à base de fluoreto (MgF2-CaF2-MgO) é realizada através da passagem de corrente eléctrica a 1150 a 1300 graus Celsius. Quando a corrente eléctrica é aplicada, o óxido de magnésio dissocia-se em magnésio e oxigénio. Os iões de oxigénio são bombeados para o ânodo através de uma membrana de zircónio estabilizado com ítrio (YSZ). Existem vários desafios científicos no processo SOM. A eficiência energética do presente processo é atribuída, em parte, à combinação de duas etapas, uma em que um óxido metálico é reduzido para formar um metal altamente reativo e outra em que um composto metálico de interesse é reduzido enquanto o metal altamente reativo é oxidado. Numa ou mais formas de realização, é necessária muito menos energia eléctrica para reduzir o metal altamente reativo e utilizá-lo para produzir o metal desejado (ou composto metálico) a partir do óxido metálico de interesse do que para reduzir o composto metálico de interesse para produzir o metal desejado num processo alternativo de passo único. Isto deve-se ao facto de, na primeira fase do processo proposto em várias etapas, a energia utilizada para reduzir o óxido metálico para formar o composto metálico altamente reativo ser inferior à energia que seria utilizada para reduzir diretamente o metal desejado num processo de eletrólise comparável numa única etapa (como a eletrólise direta SOM, que consome muita energia). E, na segunda etapa do processo proposto em várias etapas, não é necessária uma quantidade substancial de energia para reduzir o composto metálico de interesse porque o metal altamente reativo facilita uma reação química. Em suma, é utilizada menos energia para reduzir uma quantidade selecionada do metal de interesse do que seria utilizada num processo comparável de eletrólise numa única fase. Numa ou mais formas de realização, é necessária uma quantidade significativamente menor de energia eléctrica para reduzir o metal altamente reativo e utilizá-lo para produzir o metal desejado (ou composto metálico) a partir do composto metálico de interesse do que para reduzir o composto metálico de interesse para produzir o metal desejado (ou composto metálico) num processo alternativo de uma só etapa. Isto deve-se ao facto de, na primeira etapa do processo proposto em várias etapas, a energia utilizada para reduzir o óxido metálico para formar o metal altamente reativo ser inferior à energia que seria utilizada para reduzir diretamente o metal desejado num processo de eletrólise comparável numa única etapa (como a eletrólise direta SOM, que consome muita energia). E, na segunda etapa do processo proposto em várias etapas, não é necessária uma quantidade substancial de energia para reduzir o metal de interesse, porque o metal altamente reativo facilita uma reação química. Em suma, é utilizada menos energia para reduzir uma quantidade selecionada do metal de interesse do que seria utilizada num processo comparável de eletrólise numa única fase. O consumo de energia registado é de 10 kWh/kg de Mg.

Chemical Stability of Selected Oxide

Reaction	Gibbs Free Energy (ΔG)at 25 °C (MJ/kg metal)	Enthalpy Formation (ΔH) at 25 °C (MJ/kg metal)
$2\,Mg + O_2 \rightarrow MgO$	-23.42	24.76
$2\,Al + 3/2\,O_2 \rightarrow Al_2O_3$	-29.3235	31.2
$2\,Fe + 3/2\,O_2 \rightarrow Fe_2O_3$	-6.66	7.30

A estabilidade química de um composto de óxido pode ser reflectida pela energia livre de Gibbs, enquanto a

A entalpia de formação determina a necessidade mínima de energia de um processo. A energia de Gibbs do óxido de magnésio é inferior à do óxido de ferro, o que indica que o óxido de magnésio é mais estável e requer mais energia para extrair o metal. A diferença entre os requisitos teóricos de energia e a utilização real de energia reflecte os diferentes aspectos da rota do processo. A eficiência energética do forno de arco elétrico de ferro-silício é de apenas 51,5%, enquanto a eficiência do forno a carvão é de 12%. O processo Pidgeon necessita urgentemente de ser melhorado, a fim de reduzir o consumo de energia e as emissões de gases com efeito de estufa. As melhorias propostas incluem a utilização de fontes de energia mais limpas (por exemplo, gás natural ou gás de produção) e a integração de pequenas fundições para melhorar a eficiência energética e das matérias-primas. O processo de óxido sólido (SOM) tem um menor potencial de aquecimento global em comparação com o processo Pidgeon (47,3 kg CO2/kg Mg para 62,7 kg CO2/kg Mg), mas sofre de baixa produtividade e elevados custos de capital. O desenvolvimento de novos processos pirometalúrgicos de elevada produtividade pela CSIRO e pela Mintek pode constituir a via através da qual os países ocidentais, como a Austrália, poderão desenvolver uma via ambiental e economicamente aceitável para a produção de magnésio.

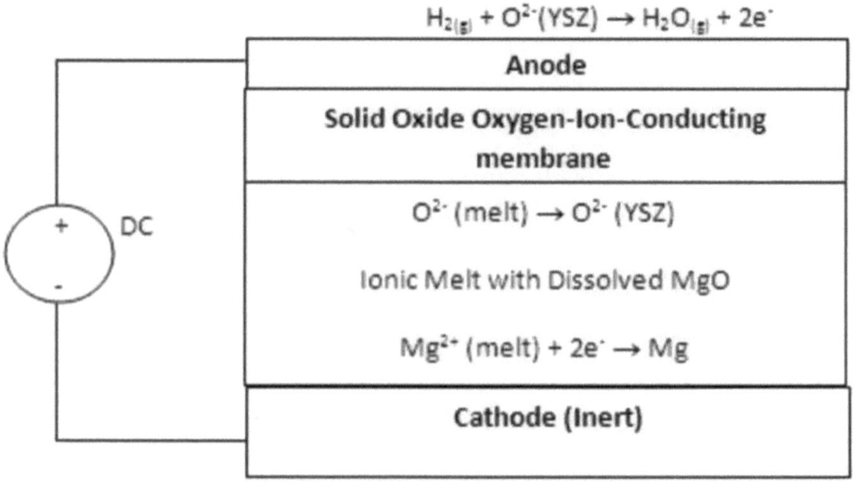

The SOM Process for Magnesium Production (Pal *et al.*, 2001)

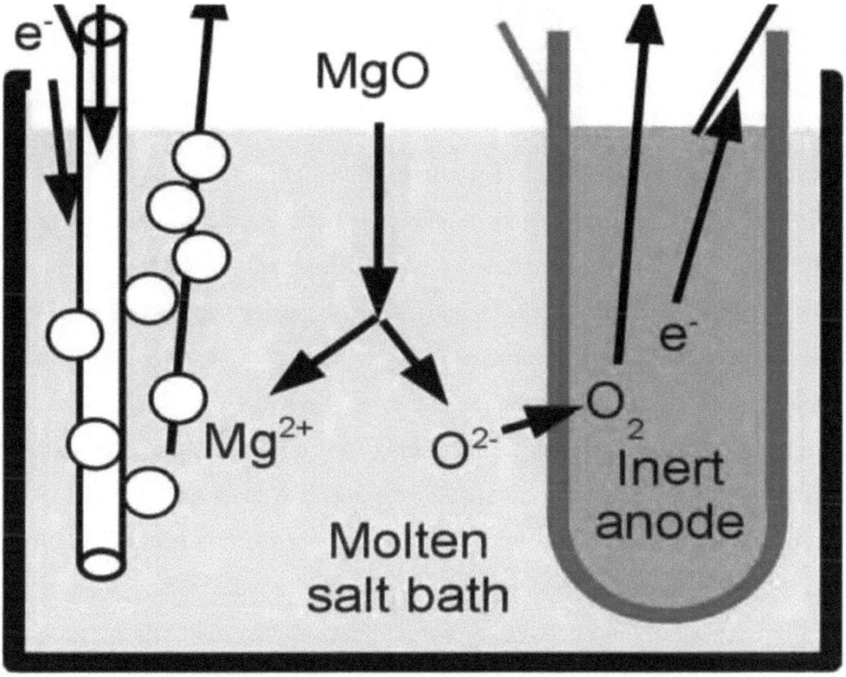

Priimary representation of the SOM process

CONCLUSÕES E DEBATES:

Em comparação com o processo Bayer e Hall-Heroult, os requisitos energéticos da produção carbotérmica de Al podem reduzir os requisitos energéticos 35% abaixo dos da melhor tecnologia Bayer-Hall. Foi referido que a implementação de processos de redução carbotérmica na produção de alumínio pode conduzir a poupanças de energia até 21%, a reduções das emissões de GEE até 52% e a um aumento da eficiência exergética até 10 pontos percentuais. Além disso, a perspetiva de utilização de energia solar concentrada para fornecer calor ao processo pode tornar a produção de alumínio primário verdadeiramente sustentável. No caso da extração de Mg, considerando o processo Mintek, uma forma de minimizar as necessidades energéticas é carregar a cal dolomítica e/ou a magnésia o mais quente possível. A estabilidade química de um composto de óxido pode ser reflectida pela energia livre de Gibbs, enquanto a entalpia de formação determina a necessidade mínima de energia de um processo. Como se vê, a energia de Gibbs do óxido de magnésio é inferior à do óxido de ferro, o que indica que o óxido de magnésio é mais estável e requer mais energia para extrair o metal. A diferença entre os requisitos teóricos de energia e a utilização real de energia reflecte os diferentes aspectos da rota do processo. A eficiência energética do forno de arco elétrico de ferro-silício é de apenas 51,5%, enquanto a eficiência do forno a carvão é de 12%. O processo Pidgeon necessita urgentemente de ser melhorado, a fim de reduzir o consumo de energia e as emissões de gases com efeito de estufa. As melhorias propostas incluem a utilização de fontes de energia mais limpas (por exemplo, gás natural ou gás de produção) e a integração de pequenas fundições para melhorar a eficiência energética e das matérias-primas. O processo eletrolítico tem um potencial de aquecimento global inferior ao do processo Pidgeon (47.3 kg CO2/kg Mg para 62,7 kg CO2/kg Mg), mas sofre de baixa produtividade e elevados custos de capital. No caso do processo Mintek (para o Mg), para um rápido aproveitamento da fundição por arco elétrico de corrente contínua e para baixos custos de limpeza e refinação, o metal condensado deve conter o mínimo possível de sólidos. A extração de magnésio e a taxa de extração dependem, em parte, da temperatura de funcionamento e da receita de alimentação utilizada; têm de ser optimizadas para melhorar a economia do processo. Para este efeito, o forno tem de ser operado de forma a produzir e fornecer vapor de magnésio quase puro ao condensador.

$CO + Mg(V) = MgO + C$ [1]

Neste método, a coalescência das gotículas de magnésio condensadas é afetada negativamente pela presença de carbono. A condensação em fase líquida reduz as necessidades energéticas nas fases de limpeza e de refinação, uma vez que não é necessária a refusão do magnésio bruto.

RECONHECIMENTO:

O autor gostaria de expressar o seu apreço pelo apoio do Departamento de Engenharia Metalúrgica e de Materiais, NIT Durgapur.

Referências

[1] S. Namboothiri, M. P. Taylor, J. J. J. Chen, M. M. Hyland, M. Cooksey, "Aluminium Production Options with a Focus on the Use of a Hydrogen Anode: A Review", Asia-Pacific Journal of Chemical Engineering, Vol.2, (2007), pp. 442-7.

[2] I.M. Morsi, K.A. El Barawy, M.B. Morsi, S.R. Abdel-Gawad, Silicothermic reduction of Dolomite Ore under Inert Atmosphere, Canadian Metallurgical Quarterly, Vol. 14, No. 1,(2002),p.15.

[3] . Brooks, G., Trang, S., Witt, P., Khan, M.N.H , Nagle, M, 'Carbothermic Route to Magnesium', Journal of Minerals, Metals and Materials Society, Vol.58, no. 5, p.51-55.

[4] . R.T. Jones, Computer Simulation of Pyrometallurgical Processes, Actas do Vigésimo Simpósio Internacional sobre a Aplicação da Matemática e dos Computadores nas Indústrias Minerais, Vol. 2,(1987),p.265.

[5] . Cherubini, F., Raugei, M. , Ulgiati, S. (2008), 'LCA of Magnesium Production.Technological Overview and Worldwide Estimation of Environmental Burdens',Resources Conservation & Recycling, vol.52, no. 8-9, p. 1093-1100.

[6] . Jenkins, D.H., Sheehan, G.J. ,Frost, M.T. (2009), 'Piloting the Australian MagnesiumProcess', Mineral Processing and Extractive Metallurgy (Trans. Inst. Min Metall. C),vol.118, no. 4, p. 205-213.

[7] . Kipouros, G.J. & Sadoway, D.R. (1987) Advances in Molten Salt Chemistry.
[8]. Koenig, R., Baker, G. , Goebel, B. (2002) 'The Stanwell Magnesium Project - Providing New Environmental Standards for Magnesium Production', Green Processing Conference 2002, Cairn, The Australian Institute of Mining and Metallurgy p. 85-89

[9] . R.A. Sharma: "Method for Producing Aluminum Metal from Aluminum Trichloride", US Patent 6,066,247, 2000. [10]. S. Wilkening: "Process for Producing Aluminium by Molten Salt Electrolysis", US Patent 4,919,771, 1990. [11]. K.M. Tomaswick: "Low Temperature Aluminum Production", Patente US 6,428,675, 2002.

[12]. J.C. Terry, A. Lippman, R. F. Sebenik, , H. G. Harris: "Reduction of Aluminum Chloride by Manganese", US Patent 3,900,312, 1975.

[13] . H.N. Sinha: "Production of Anhydrous Aluminium Chloride", US Patent 4,264,569, 1981. [14]. H.P. Mueller, H. Alder, G. Zhuber-

Okrog: "Process for the Production of Aluminium Chloride", US Patent 4,289,735, 1981.

Artigo 2.o

SÍNTESE DE BAIXO CUSTO DE NANOTUBOS DE CARBONO DE PAREDE SIMPLES A PARTIR DE ALCATRÃO DE CARVÃO UTILIZANDO O MÉTODO DE DESCARGA EM ARCO

Mainak Saha

Departamento de Engenharia Metalúrgica e de Materiais, Instituto Nacional de Tecnologia (NIT), Durgapur, Índia

Email:mainaksaha1995@gmail.com

RESUMO

Existem vários métodos, como a descarga por arco, a ablação por laser, a deposição química de vapor (CVD) e a síntese dirigida por modelos, para o crescimento de CNT na presença de partículas catalisadoras. A produção de nanotubos de carbono em grandes quantidades é possível com carvão barato como fonte de carbono inicial através da técnica de descarga por arco. Verifica-se que pode ser obtida uma grande quantidade de nanotubos de carbono de boa qualidade nos depósitos catódicos em que os nanotubos de carbono estão presentes em feixes semelhantes a ninhos. Há mais de duas décadas que se tem vindo a realizar uma investigação aprofundada sobre a produção de nanotubos de carbono (CNT) e a otimização do seu fabrico para aplicações industriais. Acredita-se que são os materiais mais fortes e flexíveis conhecidos pela humanidade. Têm potencial para participar em novos materiais nanofabricados. Sabe-se que os nanotubos de carbono podem comportar-se como o derradeiro material unidimensional com propriedades mecânicas notáveis. Além disso, os nanotubos de carbono apresentam fortes propriedades de condução eléctrica e térmica. Este artigo concentra-se principalmente na otimização desses parâmetros relacionados com a produção em massa do produto. Foi demonstrado através do processo Simplex que, com base no custo dos SWNT obtidos pela técnica de descarga por arco, a tensão e a corrente devem situar-se na gama de 30 - 42 V e 49 - 66 A, respetivamente. Qualquer combinação acima dos valores indicados conduzirá a um custo de consumo de energia superior ao custo do produto final, o que, por sua vez, conduzirá à inviabilidade do processo. Existem fortes expectativas quanto à utilização futura dos nanotubos de carbono como materiais compósitos num grande número de indústrias. Os custos de produção e o controlo da pureza e das propriedades desses materiais influenciarão o impacto dos nanotubos nas indústrias química, informática e da construção. Neste caso, as propriedades do carvão também são importantes. As ligações fracas e a matéria mineral do carvão desempenham um papel importante na formação dos nanotubos.

Palavras-chave: Alcatrão de carvão; Nanotubos de carbono; SWCNT; Simplex; Otimização

1. Introdução

Em 1985, Drexler.et.al propuseram um rolamento molecular constituído por dois nanotubos de grafite de diâmetros diferentes, dispostos de forma concêntrica. Tratava-se de uma operação virtual no interior de um computador. No entanto, este sonho tornou-se mais realista com a descoberta dos nanotubos de carbono. Desde há vinte anos que se têm vindo a realizar investigações revolucionárias sobre a produção de nanotubos de carbono e a otimização do seu fabrico para aplicações industriais. Pensa-se que são os materiais mais fortes e mais ágeis conhecidos pela humanidade e que, por isso, têm potencial para participar em novos materiais nanofabricados como aditivos. Foi demonstrado que os nanotubos de carbono podem comportar-se como o derradeiro material unidimensional com propriedades mecânicas notáveis. Os nanotubos de carbono apresentam fortes propriedades de condução eléctrica e térmica. O estudo das investigações anteriores sobre a produção de nanotubos de carbono a partir do carvão revelou que a maioria das investigações se concentra na produção de CNT através de eléctrodos de arco, produzidos separadamente pela mistura de carvão triturado com alcatrão de carvão, seguida de um processo de moldagem. No entanto, o único processo que, até à data, mostrou uma adaptação positiva à aplicação direta do carvão é a técnica de jato de plasma térmico. Com a extensa investigação na produção de nanotubos de carbono, é necessário otimizar os parâmetros do processo. Este artigo concentra-se na otimização desses parâmetros relacionados com a produção em massa do produto. Verificou-se, através de cálculos, que o único parâmetro determinante na técnica de descarga por arco é a potência do equipamento, em termos de tensão e corrente, e constata-se que, com a otimização destes parâmetros, o custo do processo se reduz drasticamente.

2. Método de síntese de SWCNTs a partir de finos de carvão de grau não metalúrgico e alcatrão de carvão através da técnica de descarga em arco

Existem vários métodos, como a descarga por arco, a ablação por laser, a deposição química de vapor (CVD), a síntese dirigida por modelos e a utilização do crescimento de CNTs na presença de partículas catalisadoras. Para o fabrico de SWCNTs é necessário um gás ambiente especial, a fim de evitar a oxidação do carbono a alta temperatura. A produção de nanotubos de carbono em grandes quantidades e de outros nanomateriais como subprodutos é possível com carvão barato como fonte de carbono inicial através da técnica de descarga por arco. Verificou-se que pode ser obtida uma grande quantidade de nanotubos de carbono de boa qualidade nos depósitos catódicos, nos quais os nanotubos de carbono estão presentes em feixes semelhantes a ninhos, o que é determinado utilizando o Microscópio Eletrónico de Varrimento (SEM) e o Padrão de Difração de Área Selecionada (SADP) em Microscopia Eletrónica de Transmissão de Alta Resolução (HRTEM). Em comparação com outros métodos, a descarga por arco é o mais simples, mais barato e mais fácil de implementar e tem sido utilizado devido aos seus potenciais méritos para fazer uma produção maciça. O procedimento proposto para a realização da deposição por arco de SWCNTs a partir de finos de carvão de grau não metalúrgico e de alcatrão de carvão, que é obtido como um dos subprodutos de uma siderurgia, é o seguinte O carvão é triturado e peneirado com uma malha de 150 μm. Em seguida, é misturado com alcatrão de carvão e moldado para formar barras de carvão utilizadas como ânodo com um cátodo de grafite para o processo de descarga por arco. O carvão ou os carbonos derivados do carvão apresentam estruturas macromoleculares em vez da estrutura de rede da grafite. Nas suas estruturas químicas existem muitas ligações fracas entre unidades poliméricas de carbono, tais como estruturas aril polimerizadas. No processo de paralisação rápida sob condições de plasma de arco, estas ligações fracas serão facilmente libertadas numa variedade de fragmentos reactivos de moléculas de hidrocarbonetos, tais como alcinos e espécies aromáticas.

Em vez de hidrocarbonetos pesados, o composto puro, tolueno, pode ser utilizado como substrato puro para estabelecer o sistema de reação para a produção de nanotubos de carbono. O tolueno é alimentado por um sistema de alimentação por pulverização de névoa com um gás de arrastamento como uma mistura 9:1 de azoto e hidrogénio a 100 ml/min, e após a reação a 750°C catalisada por 9,8% (em peso) de ferroceno, os nanotubos de carbono encontram-se no produto carbonoso depositado na parede interna de um tubo de quartzo e na saída do tubo. O produto é observado por microscopia eletrónica de varrimento e analisado por experiências de oxidação com temperatura programada para identificar a presença de nanotubos de carbono. Com base no sistema de reação e nas condições de reação com tolueno, a produção de nanotubos é examinada utilizando hidrocarbonetos pesados, como as fracções de asfalteno e malteno do asfalto natural. Em condições de reação seleccionadas, incluindo a temperatura de reação e a quantidade de catalisador, são encontrados nanotubos de carbono com um diâmetro de 30 a 60 nm.

3. Otimização da tensão e da corrente utilizadas na síntese de SWCNT utilizando o processo de deposição por plasma de arco

É sabido que a Tensão e a Corrente constituem os requisitos de Potência para uma máquina operada eletricamente. Também no caso da produção de CNT a partir do método de descarga por arco, a potência eléctrica significa as características do arco que é gerado entre os dois eléctrodos, neste caso, um à base de carvão e o outro de grafite. Para o processo de otimização, o custo total dos materiais de entrada deve ser inferior ao do produto final.

Field/Co.	Cost of grades of coal in rupees/tonne						
	A	B	C	D	E	F	G
ECL	3690	3590	1680	1350	1010	790	560
ECL/ Mugma	3690	3590	1950	1610	1290	960	620
ECL/Rajmahal	-	-	-	-	1330	1130	910
BCCL	3690	3590	1630	1350	1080	860	610
CCL	3690	3590	1590	1300	1030	820	590
NCL	3690	3590	1430	1200	960	750	560
SECL	3690	3590	1370	1140	950	740	560
MCL	3690	3590	1370	1140	950	740	560

(A-Grafite/antracite de alta qualidade; B-Antracite (C:H > 30); C- Antracite (C:H ~ 26 - 30); D-Semi-antracite; E-Semi-betuminoso; F- Betuminoso; G-Betuminoso de baixa qualidade).

Preço de base do carvão não coqueificável de combustão longa

(Cortesia: Coal India Ltd)

Package (gram)	SWNT		DWNT
	Purity ($)	Arc CNT* ($)	High purity* ($)
1	210	83	210
10	1600	700	1600
50	6850	3050	6850
100	12400	5500	12400
500	Call	Call	Call
1000	Call	Call	Call

Lista de preços de nanotubos de carbono

*Os CNT de elevada pureza (mais de 90% de pureza) não podem ser obtidos através do método de descarga em arco, de acordo com diferentes investigações, pelo que o custo dos CNT fabricados através do método de descarga em arco é sempre inferior ao dos primeiros. No entanto, os DWNT não são um subproduto comum do método de descarga em arco.

(Cortesia: Coal India Ltd)

A taxa de alimentação do ânodo na experiência é de 10 mm durante 2 horas. O comprimento do elétrodo na experiência é de 75 mm. Assim, o tempo total da experiência é igual a 15 horas. Durante esse tempo, são consumidas 45 unidades de eletricidade (1 KWhr = 1 unidade de eletricidade consumida). De acordo com os regulamentos da Calcutta Electricity Supply Corporation (CESC), a taxa é de Rs.2,7/unidade para as primeiras 25 unidades consumidas e depois de Rs.3,3/unidade para as 35 unidades seguintes. Por conseguinte, o custo total = 25*2,7+20*3,3=Rs.133,5, o custo total de entrada para a produção de CNT é de Rs.133,5 (negligenciando o custo do carvão, que é muito pequeno em comparação com o custo do consumo de energia). a quantidade de CNT produzida na experiência é de cerca de 20 mg. O custo acima é dado em $, pelo que consideramos 1$ = Rs 50 e a unidade de embalagem é em gramas. Assim, o custo total é de 20*83*50/1000= Rs 83. Por conseguinte, pode compreender-se que, como o custo de entrada é superior ao custo de saída, a otimização é essencial neste caso. As especificações do elétrodo à base de carvão para o processo de descarga por arco foram obtidas a partir de trabalhos experimentais realizados no passado. Com o objetivo de obter o máximo custo envolvido na produção do elétrodo à base de carvão, é selecionado o elétrodo com o volume máximo, uma vez que é o elétrodo que envolve a quantidade máxima de carvão e, consequentemente, o custo. De entre as várias investigações independentes, foi escolhida a especificação de 10 mm de diâmetro e 200 mm de comprimento, uma vez que dá o volume máximo em comparação com os outros eléctrodos nas outras investigações.

Por conseguinte, o volume do elétrodo = (3,14/4)*100*200=15707 mm cúbicos A densidade bancária do carvão é de 1346 kg/metro cúbico

Assim, o peso do carvão em pó utilizado = 1346*1,57*10^-5=0,021 kg O custo máximo do carvão é de Rs.3,5/kg

Por conseguinte, o custo do carvão utilizado = $3,5 \times 0,021$ = Rs0,073

O custo da energia deve ser calculado de seguida. Numa experiência típica, a corrente foi considerada como 100 A e a tensão como 36 V.

Por conseguinte, a potência = $V \times I = 30 \times 100 = 3000$ W = 3 KW

Potência(P) = IV

$LogP = logV + \log I$

Tomando, $logP = x1$; $logV = x2$; $logI$ = x3

Em todas as experiências, a tensão e a corrente mínimas são 30 V e 50 A, respetivamente.

V>=30,I>=50

logV>=1.47,logI>=1.69

Therefore, x1=x2+x3,x2>=1.47;x3>=1.69

Considerando a taxa de consumo de energia como Rs 2,7/unidade, a potência total pode ser calculada como $15 \times 2,7 \times P = 40,5\ P$

Para obter um resultado ótimo, 40,5P<=83

implica,P<=2050W

ou,logP<=3,31

Aplicação do algoritmo Simplex,

min x1=x2+x3

x2+x3=3,31

x2=1.47

x3=1.69

A área delimitada pelas três linhas de restrição indica o intervalo de viabilidade das variáveis.

Documento 3

Estudo de peças fundidas em aço inoxidável austenítico

Mainak Saha, Departamento de Engenharia Metalúrgica e de Materiais

Instituto Nacional de Tecnologia (NIT) Durgapur, Bengala Ocidental, ÍNDIA

Resumo: ***A fundição*** *de aço é uma forma especializada de fundição que envolve vários tipos de aço. As peças fundidas em aço são utilizadas quando os ferros fundidos não são suficientemente fortes ou resistentes ao choque. Exemplos de peças fundidas em aço incluem: rodas de turbinas hidroeléctricas, prensas de forja, engrenagens, estruturas de camiões ferroviários, corpos de válvulas, carcaças de bombas, máquinas de mineração, equipamento marítimo, turbinas de turbocompressão e blocos de cilindros de motores. O aço é mais difícil de fundir do que o ferro, pois tem um ponto de fusão mais elevado e uma maior taxa de contração, o que requer consideração durante a conceção do molde. Os risers devem ter uma maior capacidade de extração à medida que o metal arrefece e encolhe. Deve ser dada atenção à espessura das cavidades do molde, uma vez que as áreas mais finas arrefecem mais rapidamente do que as áreas mais espessas, o que pode criar pontos de tensão interna que podem levar à fratura. O aço fundido é também mais suscetível de reagir com as superfícies internas do molde, tornando os resultados mais imprevisíveis.*

Palavras-chave: *aços inoxidáveis austeníticos, liquidus, dendrite, liquidus, multímetro*

---

1. Material de investigação

Vinte e dois moldes de aço inoxidável austenítico foram produzidos como 10 kg de ar fundido com composições que se aproximam do AISI 304, 306, 309, 310 e 316. Nas séries 306, 309 e 310, a principal variável da composição foi o Ni, enquanto que nos aços 304 e 316 o N variou entre 0,03 e 0,2%. Os aços foram escolhidos por serem representativos das classes de importância comercial na região do diagrama de fases de interesse. As composições exactas foram escolhidas para abranger os limites de solidificação, conforme determinado a partir do diagrama de fases de Rivlin e Raynor. Para além disso, foram produzidas mais 6 ligas em fusão ao ar de 5 kg, a fim de investigar o efeito do Si na temperatura do líquido. A temperatura do líquido para cada fusão foi determinada utilizando o sistema Land Checkpoint. 350-400 g de metal foram vertidos nos cadinhos de cerâmica Checkpoint, que estão equipados com cabeças de termopar Pt/Pt 13% Rh em bainhas de sílica. O sinal do termopar foi visualizado num multímetro inteligente Thurlby. A exatidão declarada dos copos Land Checkpoint é de ±0,5°C e a sensibilidade do multímetro foi de 1 pV. Para cada fusão, foram efectuadas 2 determinações de liquidus para determinar a reprodutibilidade da técnica. A diferença máxima foi de 2°C. Os resultados da segunda determinação são apresentados no Quadro 1, juntamente com a análise química da amostra, que foi determinada por uma combinação de fluorescência de raios X e química húmida em perfurações. Em cada caso, imediatamente após a segunda medição do liquidus, os primeiros 22 lingotes foram vertidos em moldes de placas de 100 mm X 50 mm. Os lingotes foram seccionados longitudinalmente, rectificados e gravados em água régia (3HC1:1HN03:4H20). Isto revelou que todos os aços apresentavam estruturas de grão primárias e secundárias totalmente colunares. Um exemplo da estrutura de grão secundária é mostrado na Fig. 10. Os lingotes foram seccionados transversalmente a meia altura e os espécimes foram montados para exame metalográfico. Os teores de ferrite foram determinados magneticamente a cerca de 10 mm abaixo da superfície fundida, utilizando um Ferritescope Fischer. As microestruturas foram reveladas por decapagem no seguinte reagente:-

20 g de difluoreto de hidrogénio de amónio

0,5 g Metabissulfito de potássio

100 ml de água

Tempo de gravação: até 10 min

Este corante tinge de azul a austenite rica em crómio e de amarelo a austenite rica em níquel, enquanto a ferrite permanece branca ou preta se as redes de ferrite forem particularmente finas. A corrosão distinguiu claramente entre os dendritos primários e os espaços interdendríticos em cada aço. No entanto, na série com elevado teor de azoto, Casts 15-22, a cor da fase primária não variou sistematicamente com o teor de azoto. Algumas estruturas típicas são mostradas em micrografias a preto e branco, nas quais a localização da ferrite, quer dendrítica quer interdendrítica, é claramente visível. Em algumas áreas do Cast 19, os dois tipos de ferrite parecem estar ligados, enquanto noutras áreas estão separados. A posição da ferrite em relação às dendrites primárias foi utilizada para determinar a primeira fase a separar-se e, consequentemente, o modo de solidificação. Por exemplo, a presença de ferrite na dendrite primária é indicativa do modo B de solidificação, enquanto que a ferrite interdendrítica isolada é típica do modo C de solidificação. Os moldes totalmente austeníticos são designados como modo C/D. Estes resultados são apresentados em Uma estrutura particularmente interessante foi observada na fundição 8, onde regiões de solidificação ferrítica primária coexistiram com regiões de austenita primária. Nem a martensite nem a fase O foram detectadas metalograficamente em nenhum dos aços.

As micrografias de stain etch foram utilizadas para estimar os espaçamentos dos braços dos dendritos primários e secundários.

Estes foram medidos por análise linear em 50 intersecções. Os resultados são apresentados no Quadro 4, onde é imediatamente óbvio que ambos os espaçamentos diminuem com o aumento do teor de liga: isto foi particularmente notório nos aços com elevado teor de azoto, fundidos 15-22.

Áreas seleccionadas de cada molde, identificadas por marcas de microdureza, foram analisadas utilizando uma microssonda CamecaCamebax SX50 e foram obtidos mapas a cores da distribuição de Cr, Ni, Mη, Si e P para os moldes **1-18** e Cr, Ni, Mη, Si e Mo para os moldes 19-22. As condições utilizadas foram as seguintes:- Cascos 1-14 Cascos 15-22

HV 15 kV 15 kV

Corrente 100 mA 250 mA

Comprimento do passo 2 pm 2 pm

Tempo de espera 50 ms250 ms

Nas Figs. 17-19 são apresentados alguns mapas típicos de moldes de congelação ferríticos e austeníticos. De particular interesse foi o molde 1, em que alguns dos espaços interdendríticos foram enriquecidos em todos os elementos; uma região típica está assinalada com A . Além disso, foram obtidas varreduras de linhas ao longo dos braços de dendrite primários e ao longo dos espaços interdendríticos para cada elemento. Foram observados três traços de sonda característicos e representados de forma esquemática. Em geral, os resultados para os moldes ferríticos primários, isto é, aqueles que exibem ferrite dendrítica, concordam com os resultados da decapagem. Nestes aços, as dendrites primárias foram enriquecidas em Cr e empobrecidas em Ni, embora na Fundição 17 o centro exato da dendrite estivesse empobrecido em Cr. As regiões interdendríticas eram enriquecidas em níquel mas ligeiramente empobrecidas em Cr. Em vários moldes, o Cr foi enriquecido em direção ao centro dos espaços interdendríticos, o que resultou na precipitação de ferrite interdendrítica nos moldes 19 e 20.

Nos moldes que solidificaram inicialmente como austenite mas que continham ferrite interdendrítica, os centros das dendrites estavam empobrecidos em todos os elementos. As regiões interdendríticas continham ferrite, evidente por um aumento de Cr e uma depleção de Ni e Mn nestas áreas. Mais uma vez, os resultados confirmam os resultados da decapagem.

Nos moldes totalmente austeníticos, todos os elementos segregaram em conjunto, o que implica uma solidificação monofásica que conduz ao enriquecimento de todos os elementos em direção aos espaços interdendríticos. Os modos de solidificação deduzidos a partir dos resultados de EPMA são comparados com os de stain etching in. A causa da resposta variável ao stain etching observada nos Casts 15-22 não foi evidente a partir dos resultados EPMA.Temperatura Liquidus

Conforme descrito na Secção 2, existem vários métodos possíveis para calcular a temperatura liquidus dos aços inoxidáveis austeníticos, desde simples somas de depressão binária até abordagens termodinâmicas mais complexas. Vários destes métodos foram utilizados no presente estudo e os resultados são comparados com as temperaturas medidas no Quadro 6.

O método de Andrews de soma das depressões binárias deu um erro médio de + 17,8°C, que está ligeiramente fora do intervalo aceitável. Este facto não é surpreendente, uma vez que o método foi concebido apenas para soluções diluídas, embora Howe3 tenha encontrado uma concordância razoável quando um elemento não era diluído. Foi encontrada uma concordância muito boa quando se utilizou o diagrama de fases FeNiCr em conjunto com depressões binárias para elementos residuais. O erro quando se utiliza o diagrama de Chuang e Chang (C&C na Tabela 6) foi ligeiramente inferior ao obtido a partir do diagrama de Rivlin e Raynor (R&R na Tabela 6), -4,9°C cf. -7,4°C.

No entanto, foram determinadas menos temperaturas de liquidus a partir do diagrama de Chuang e Chang e não há nenhuma evidência real deste trabalho que sugira que qualquer um dos diagramas seja superior. A utilização de ambos os diagramas deu resultados aceitáveis. Os cálculos do liquidus foram então efectuados utilizando o MTDATA, uma abordagem termodinâmica desenvolvida pelo NPL e o ThermoCalc, um método muito semelhante proposto pelo Royal Institute of Technology, Suécia. Inicialmente, os cálculos foram efectuados utilizando BS1, a versão original de 12 elementos (Fe, Cr, Ni, C, P, S, Si, Mo, Mn, Ti, N, O) utilizada por Howe em projectos CECA anteriores. Isto deu origem a erros relativamente grandes (Av. -

36,9°C para os primeiros 14 aços) e o erro foi particularmente grande para os aços com *2% de* Si, Casts 1-5. O erro é traçado contra o teor de Si na Fig. 23, onde se pode ver uma relação clara. As temperaturas foram, portanto, recalculadas usando BSl para todos os elementos, exceto Si, com o efeito de o Si ser incorporado como uma simples depressão binária. As temperaturas de liquidus calculadas desta forma são apresentadas em BSl* na Tabela 6. Pode ver-se que o erro foi muito reduzido com uma média de -7,7°C, que é comparável à obtida utilizando o diagrama de fases. Um gráfico do liquidus medido contra o valor previsto é apresentado na Fig. 24. Foram também encontrados grandes erros (até -99°C) utilizando o ThermoCalc17 , estando mais uma vez os maiores erros associados aos aços com elevado teor de Si. O grande erro associado ao ThermoCalc não é surpreendente, uma vez que ambos os métodos empregam a mesma fonte de dados termodinâmicos. Os dados termodinâmicos para sistemas contendo Si foram reavaliados criticamente pelo NPL, o que resultou numa versão melhorada do MTDATA designada BS2 na Tabela 6. Como parte deste trabalho, foram efectuados os Casts 23-28 para investigar as temperaturas de liquidus em sistemas ternários e quaternários relevantes contendo Si. Pode ser visto na Tabela 6 que o erro médio foi reduzido para -22°C, mas ainda era mais alto para os aços e ligas contendo Si (Casts 1-5 e 23-28). Como parte do projeto, foi realizado um subcontrato pelo NPL para melhorar o MTDATA, particularmente para o aço com elevado teor de azoto. O erro médio da temperatura liquidus prevista para todos os aços e ligas foi de -22,4°C, mas este erro só foi reduzido para -21,5°C quando se omitiram as fusões com elevado teor de Si. Pode ver-se a partir da discussão acima que é possível obter uma concordância razoável entre a temperatura liquidus medida e a prevista utilizando uma abordagem relativamente simples que envolve uma combinação do diagrama de fases FeNiCr com a subtração de depressões binárias devidas a elementos residuais ou diluídos. A omissão do Si nos cálculos do MTDATA, seguida da subtração da depressão binária, resultou em erros aceitáveis de magnitude semelhante à abordagem do diagrama de fases. Embora um programa limitado de trabalho efectuado no NPL tenha resultado em previsões melhoradas, o erro devido ao Si não foi totalmente eliminado. Claramente, é necessário trabalho termodinâmico fundamental adicional, fora do âmbito do presente projeto, antes de se poderem obter previsões aceitáveis a partir do MTDATA. Uma vez que a maioria dos aços inoxidáveis contém teores apreciáveis de Si na gama de 0,52%, a utilização do MTDATA não pode ser recomendada para a previsão de temperaturas de liquidus. Por conseguinte, recomenda-se a utilização da abordagem do diagrama de fases.

2. Estrutura de solidificação

Os aços inoxidáveis austeníticos podem solidificar inicialmente como austenite ou ferrite. Para racionalizar o trabalho de EPMA neste projeto, as peças analisadas foram agrupadas de acordo com as características mostradas pelos linecans obtidos em cada caso. Assumiu-se que o Cr se particiona para a fase ferrite e o Ni para a fase austenite, quando ambas as fases estão presentes. Nesta base, foram identificados três tipos de distribuição elementar, que são comparados com os resultados obtidos por decapagem.

(1) Este tipo de linescan é ilustrado esquematicamente na Fig. 20. Este comportamento é consistente com o modo B de solidificação, ou seja, ferrite primária com austenite interdendrítica. Nestes moldes, os centros de dendrite foram empobrecidos em Ni e enriquecidos em Cr, indicando precipitação de ferrite primária. Dentro da austenite entre as dendrites primárias, o teor de Ni aumentou afastando-se das dendrites e a concentração de Cr diminuiu. Isto indica que, nesta parte da estrutura, a austenite começou a precipitar como uma fase separada, enquanto a ferrite ainda estava a precipitar. Nesta fase, a ferrite e a austenite devem estar simultaneamente em equilíbrio e, portanto, em contacto com o líquido. (O diagrama normalmente utilizado para ilustrar o modo B de solidificação é enganador ao mostrar dendrites de ferrite primária completamente cobertos ou envolvidos por austenite.)Para além deste padrão geral, visto mais claramente entre os braços de dendrite primária, havia também áreas em que todos os elementos aumentavam rapidamente em concentração. Estas representam os estágios finais da solidificação, nos quais o equilíbrio da composição nas últimas poças de líquido foi tal que precipitou apenas a austenita, e os níveis do elemento soluto aumentaram rapidamente devido à segregação. Em vários casos, por exemplo no Cast 19, era evidente, a partir dos mapas de sondas, que estas áreas altamente concentradas tinham precipitado ferrite nas fases finais da solidificação.

(2) Este tipo de varrimento de linhas é ilustrado esquematicamente e é consistente com o modo de solidificação C, ou seja, austenite primária com ferrite

interdendrítica. Os centros das dendrites estavam empobrecidos em todos os elementos. Os espaços interdendríticos, no entanto, continham ferrite precipitada nas fases finais da solidificação, marcada por níveis elevados de formadores de austenite, especialmente Cr, e níveis reduzidos de formadores de austenite. Isto implica que os formadores de austenite estavam a ser rejeitados da ferrite à medida que esta se formava. Se toda a austenite estivesse completamente sólida nesta fase, a rejeição dos formadores de austenite desta forma teria exigido uma quantidade considerável de difusão no estado sólido, tornando difícil a criação de uma zona tão grande de enriquecimento. A observação de tal zona indica, portanto, que a fase final de solidificação consistiu na precipitação simultânea de austenite e ferrite a partir do líquido interdendrítico, de forma semelhante à descrita no caso anterior, em vez de o líquido final se solidificar como ferrite em vez de austenite. Tal como no caso (1), a representação da ferrite como dendrite é possivelmente irrealista, mas é essencial que nesta fase tanto a ferrite como a austenite estejam em equilíbrio com o líquido.

(3) Este tipo de varrimento de linhas é ilustrado na Fig. 22 e é consistente com o modo de solidificação D, ou seja, totalmente austenítico. Todos os elementos apresentaram distribuições semelhantes, estando relativamente empobrecidos nos centros das dendrites e aumentando suavemente até um pico nos espaços interdendríticos. Esta distribuição reflecte os efeitos da segregação que ocorre durante a solidificação de uma estrutura de fase única.

O nível de segregação será determinado pelo modo de solidificação e também pela espessura da estrutura. Em geral, os aços que solidificam inicialmente como austenita exibirão níveis mais elevados de segregação para os espaços interdendríticos do que os aços que solidificam inicialmente como ferrita. Assim, os níveis mais elevados de segregação interdendrítica P foram encontrados nos moldes 4,10 e 14, ver Tabela 5, todos os quais solidificaram austeníticos. Um efeito semelhante não foi encontrado na série de aços de alto N, onde baixos níveis de segregação P foram observados nos Casts 15-18, qualquer que seja a fase primária. P não foi analisado nos Casts 19-22, mas novamente foram encontrados baixos níveis de segregação de Si e Mn. Isto pode ser devido a uma forte interação entre N e Cr ou Mo reduzindo a segregação em geral. Alternativamente, poderia resultar do espaçamento muito mais fino entre os braços das dendritas primárias e secundárias, resultando numa homogeneização mais rápida durante o arrefecimento.

Pode ver-se na Tabela 4 que, em geral, o espaçamento dos braços de dendrite diminui com o aumento do teor de liga.

Assim, as estruturas do Tipo 310 eram mais finas do que as do Tipo 309 que, por sua vez, eram mais finas do que as do Tipo 306. No entanto, o efeito foi mais acentuado nos aços com elevado teor de azoto, onde um aumento de N de 0,03 para aproximadamente 0,10 resultou numa redução do espaçamento primário e secundário por um fator de cerca de 2.

Utilizando composições equivalentes de Ni e Cr (Equações (1) e (2)) é possível utilizar o diagrama de fases para prever o modo de solidificação. Os modos determinados desta forma utilizam o diagrama de fases de Rivlin e Raynor. Verifica-se que houve uma boa concordância entre as fases primárias previstas e as reais em 18 dos 22 moldes. Se a estrutura mista em

A peça fundida 8 é identificada como austenítica primária e as estruturas de 19 das 22 peças fundidas foram previstas com exatidão (86,4%). A melhor concordância foi encontrada para os aços de liga inferior (moldes 15-22) com o maior desvio encontrado no molde 11, um aço inoxidável tipo 310. Um ajuste melhorado seria obtido removendo a dobra no limite do modo B/C, de modo a que o limite fosse representado por uma linha reta com um declive

Cr/Ni = 1,5 em toda a gama de composições investigadas. O limite revisto é apresentado como uma linha tracejada. Desta forma, o único erro importante foi para a fundição 11, cuja composição é aproximada da fronteira de fase. Da mesma forma, o limite do modo C/D seria melhor representado por uma linha de declive

Cr/Ni = 1 e o limite do modo A/B por uma linha reta de declive Cr/Ni = 2. Limites semelhantes foram recomendados por outros trabalhadores1- 10-12.

A dobra na calha liquidus não está presente no diagrama de fases de Chuang e Chang,.

No entanto, comparando (diagrama de Rivlin e Raynor) e fazendo ajustamentos para as diferentes escalas utilizadas, é evidente que a calha liquidus está mais próxima do eixo Cr, o que é o oposto do efeito pretendido.

O MTDATA foi então utilizado para a previsão do modo de solidificação. Inicialmente foi utilizado um modelo ternário empregando os mesmos valores equivalentes de Ni e Cr utilizados anteriormente. As previsões do modo de solidificação utilizando este método são apresentadas na Tabela 7. Um sucesso notável do MTDATA usado nesta forma foi a previsão do modo misto de solidificação observado na Fundição 8.

Um diagrama semelhante é construído com MTDATA.

Verifica-se que as fronteiras de fase são linhas rectas definidas pelas seguintes equações:-

ModoA/B, Ni = 1,68 + 0,443 X %Cr

Modo B/C, Ni = -1,0 + 0,75 X %Cr

Modo C/D, Ni = -2,82 + 1,0 X %Cr

A semelhança entre os declives destas linhas e os recomendados para utilização no diagrama de fases é evidente. Quando o MTDATA é utilizado nesta forma ternária, foi encontrada uma boa concordância entre a fase primária prevista e a atual em 20 dos 22 aços investigados (90,9%). A fundição 18 estava muito próxima do limite do modo B/C e, por conseguinte, o único erro importante foi para a fundição 21, em que se previu ferrite primária para um aço em solidificação austenítica primária. Em várias ocasiões, a precipitação de austenite seguiu de perto a separação inicial de ferrite, geralmente dentro de 2°C. Estes aços são todos classificados como de modo misto B/C . Se assumirmos que o modo B/C pode indicar quer austenite primária quer solidificação ferrítica primária, então o número de previsões correctas da fase primária foi o seguinte:-

BSl - 11 em 14 (78,6%). Os erros foram todos demasiado austeníticos.

BS2 - 16 em 22 (72,7%). Os erros foram todos demasiado ferríticos.

S90 - 21 de 22 (95,5%). O único erro no Cast 18 foi demasiado ferrítico. A análise do resultado revelou que a precipitação da austenite foi prevista 7,5°C abaixo da precipitação da ferrite primária e, por conseguinte, o aço estava próximo do limite do modo B/C.

Por conseguinte, pode verificar-se que o MTDATA, na sua edição final revista S90, apresentou melhores previsões do que as obtidas utilizando o diagrama de fases original de Rivlin e Raynor. Não se registaram erros importantes, sendo o único erro menor a proximidade da classificação como solidificação mista. No entanto, é necessário recordar que o diagrama de fases seria melhorado alargando o limite do modo B/C representado por Cr/Ni = 1 . 5 para toda a gama de composições estudadas. Isto resultaria numa linha reta de fronteira entre a ferrite primária e a austenite primária, tal como observado com o MTDATA na sua forma ternária.

A utilização do MTDATA não resultou na classificação de nenhum dos aços como totalmente austenítico ou modo D. De facto, 6 dos aços não apresentavam ferrite e todos eles foram classificados como modo D depois de a EPMA não ter encontrado provas de segregação indicativas da presença de ferrite na solidificação. Os 2 métodos de diagrama de fase resultaram na previsão bem sucedida de estruturas totalmente austeníticas em 2 dos aços, Casts 5 e 10.

O diagrama não modificado também resultou na previsão de que os moldes 12-14 eram totalmente austeníticos, quando na verdade continham ferrite interdendrítica. A modificação do limite do modo C/D resultou em previsões correctas da solidificação do modo C. No entanto, deve reconhecer-se que a transformação e a homogeneização ocorrerão abaixo do solidus e, por conseguinte, as observações metalográficas à temperatura ambiente não estão em conflito grave com as previsões do MTDATA. Isto é particularmente verdadeiro nos aços com elevado teor de azoto e totalmente austeníticos,

Casts 18 e 22, onde a estrutura muito fina pode ter resultado numa homogeneização mais rápida.

Ferrite residual

Os teores de ferrite de cada aço são apresentados na Tabela 2, onde são comparados com os valores previstos utilizando um diagrama de DeLong2 e as equações de Espy modificadas15. Utilizando o diagrama de DeLong para os aços de baixo N, ou seja, os moldes 1-14, 15 e 19, o teor real de ferrite foi sempre inferior ao valor previsto, ou seja, os aços eram mais austeníticos. A discrepância máxima foi de + 6,7% na fundição 2. Para os aços de N mais elevado, ou seja, as fundições 16-18 e 20-22, foi obtida uma concordância mais próxima com uma discrepância máxima de +1,2% para a fundição 20. A relação entre a ferrite real e a prevista é mostrada na Fig. 27. A regressão linear deu a seguinte relação:-

Ferrite real = 0,61 (Ferrite prevista) - 0,41

A variância explicada foi de 74%.

Obteve-se uma melhor relação entre o teor de ferrite efetivo e o previsto utilizando as fórmulas de Espy, com uma discrepância máxima de + 5%, mais uma vez para o molde 2. A relação é mostrada na Fig. 28. A regressão linear deu a seguinte equação:-

Ferrite real = 0,76 (Ferrite prevista)-0,04

A variância explicada foi de 78%.

Foi efectuada uma regressão linear da composição em função do teor real de ferrite, o que deu origem à seguinte equação:-

% Ferrite = 1,45 Cr + 1,6 Mo -1,4 Ni -41,9 N -5,7

A variância explicada foi de 82%. A relação entre a ferrite real e a ferrite prevista utilizando a equação onde se pode ver a estreita concordância. No entanto, a equação não contém um fator para o Si, que é um conhecido estabilizador da ferrite. A sua utilização fora da gama de composições estudadas não pode ser recomendada.

Os resultados mostram que é possível obter uma boa concordância entre os teores reais e previstos de ferrite numa vasta gama de composições e modos de solidificação, utilizando uma abordagem tradicional, nomeadamente a recomendada por Espy. A concordância é geralmente de ± 3%, o que é aceitável para teores previstos de ferrite. Por conseguinte, considera-se desnecessário investigar métodos mais complicados que utilizem, por exemplo, MTDATA, para a gama de composições examinadas.

Apesar dos comentários feitos, não foi encontrado nenhum conflito entre o modo de solidificação e o teor de ferrite residual na presente investigação. Isto deve-se, em grande parte, à observação de que os limites dos modos podem ser representados por linhas rectas ao longo da gama de interesse e não pelas curvas representadas. Assim, as fronteiras de modo e as linhas de isoferrite no diagrama de DeLong ou Espy são ambas rectas.

Reconhecimento

O autor gostaria de manifestar o seu apreço e gratidão ao departamento de engenharia metalúrgica e de materiais do NIT Durgapur, especialmente ao laboratório de fundição, sem cujo apoio e orientação não teria sido possível efetuar uma revisão.

Referências

[1] . H-U. Lindenberg, Stahl und Eisen, 104, (5), 1984, ρ 51, BISI22871.

[2] . C. J. Long e W.T. DeLong, Welding Jnl. Supplement, 1973,52, ρ 213 (s).

[3] . A.A. Howe, Ironmaking and Steelmaking 1988,15, No. 3, ρ 134.

[4] . K.W. Andrews e W.E. Bardgett, Relatório Interno BS 3806/X94/2/55, 1955.

[5] . K.W. Andrews, Nota submetida ao Comité de Dados de Diagramas de Fase de Ligas da Sociedade de Metais, 1981.

[6] . V.G. Rivlin e V.G. Raynor, Int. Met. Rev. 1980,25, ρ 21.

[7] . Y-Y. Chuang e Y. Austin Chang, Metall. Trans. 1987,18A, ρ 733.

[8] . A.A. Howe, 'Segregation and Phase Distribution During Solidification of Carbon, Alloy and Stainless Steels', Acordo CECA n.º 7210.CF/801, Projeto de Relatório Final, dezembro de 1989.

[9] . A Guide to Solidification of Steels", Jernkontoret, Estocolmo, 1977.

[10] .0. Hammar e U. Svensson, "Solidification and Casting of Metals", Metals Soc. Pubi. 192, 1979, ρ 401.

[11] . G. El Nayal e J. Beech, Mat. Sci. and Tech., 1986,2, ρ 603.

[12] . N. Suutala, Metall. Trans. 1982,13A, ρ 2121.

[13] . T.A. Siewert et al, Welding Research Supplement, Dez. 1988, ρ 289 s.

Documento 4

Estimativa da venda anual de um revestimento refratário que permite poupar combustível no funcionamento do forno.

Mainak Saha

Departamento de Engenharia Metalúrgica e de Materiais, NIT Durgapur

Email:mainaksaha1995@gmail.com

O modelo mais básico para o isolamento de um tubo é apresentado abaixo. r1 mostra o raio exterior do tubo r2 mostra o raio do isolamento do tubo+.

A perda de calor de uma superfície é expressa como

H = h X A x (Th-Ta)

Onde

h = Coeficiente de transferência de calor, W/sq.m-K , H = Perda de calor, Watts

Ta = Temperatura ambiente média, °C

Ts = Temperatura desejada/real da superfície de isolamento, °C

Th = Temperatura da superfície quente (para tubagem de fluidos quentes), °C & Temperatura da superfície fria para tubagem de fluidos frios)

Para tubos horizontais, o coeficiente de transferência de calor pode ser calculado por:

h = (A + 0,005 (Th - Ta)) x 10 W/m2-K

Para tubos verticais,

h = (B + 0,009 (Th - Ta)) x 10 W/m2-K

Surface	ε	A	B
Aluminium , bright rolled	0.05	0.25	0.27
Aluminium, oxidized	0.13	0.31	0.33
Steel	0.15	0.32	0.34
Galvanised sheet metal, dusty	0.44	0.53	0.55
Non metallic surfaces	0.95	0.85	0.87

Courtesy : Gabinete de eficiência energética

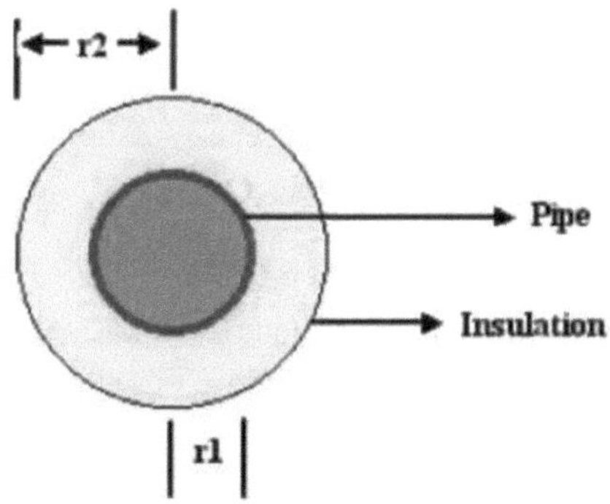

Isolamento de tubagens

Courtesy : Gabinete de eficiência energética

$$T_m = \frac{(T_h + T_s)}{2}$$

k = Condutividade térmica do isolamento à temperatura média de Tm, W/m-C tk = Espessura do isolamento, mm

r1 = Raio exterior real do tubo, mm

r2 = (r1 + tk)

R_s = Surface thermal resistance = $\frac{1}{h}$ ºC-m^2/W

R_l = Thermal resistance of insulation = $\frac{t_k}{k}$ ºC-m^2/W

O fluxo de calor entre a superfície do tubo e o ambiente pode ser expresso da seguinte forma

H = Heat flow, Watts

$$= \frac{(T_h - T_a)}{(R_l + R_s)} = \frac{(T_s - T_a)}{R_s}$$

A partir da equação acima, e para um Ts desejado, pode calcular-se Rl. A partir de Rl e do valor conhecido da condutividade térmica k, a espessura do isolamento pode ser calculada.

Equivalent thickness of insulation for pipe, $E_{tk} = (r_1 + t_k) \times \ln\left(\frac{(r_1 + t_k)}{r_1}\right)$

- ESPESSURA ECONÓMICA DO REVESTIMENTO REFRACTÁRIO

O isolamento de qualquer sistema implica despesas de capital. Assim, o fator mais importante em qualquer sistema de isolamento é analisar o isolamento térmico em relação ao custo. A eficácia do isolamento segue a lei dos rendimentos decrescentes. Por conseguinte, existe um limite económico definido para a quantidade de isolamento que se justifica. Uma espessura maior não é económica e não pode ser recuperada através de pequenas poupanças de calor. Este valor limite é designado por espessura económica do isolamento. Cada indústria tem um custo de combustível e uma eficiência de caldeira diferentes. Estes valores podem ser utilizados para calcular a espessura económica do isolamento. Isto mostra que a espessura para um determinado conjunto de circunstâncias resulta no menor custo global de isolamento e perda de calor combinados durante um determinado período de tempo.

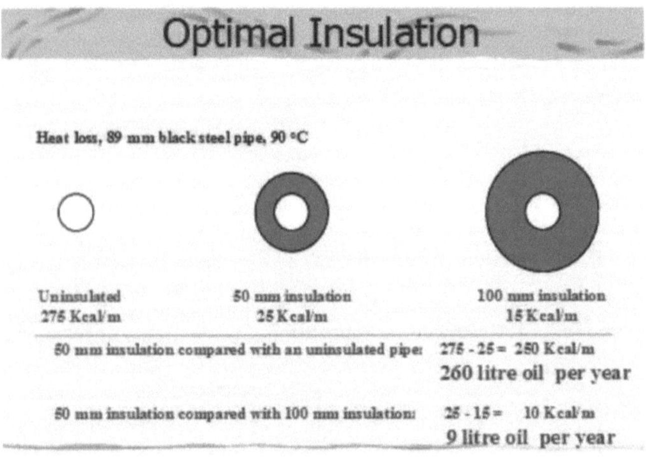

Courtesy : Gabinete de eficiência energética

O método mais simples de analisar se se deve usar um isolamento de 1", 2" ou 3" é comparar o custo das perdas de energia com o custo do isolamento da tubagem. A espessura de isolamento para a qual o custo total é mínimo é designada por espessura económica. A curva que representa o custo total diminui inicialmente e, depois de atingir a espessura económica correspondente ao custo mínimo, aumenta.

A determinação da espessura económica exige a atenção aos seguintes factores.

i. Custo do combustível

ii. Horário anual de funcionamento

iii. Conteúdo térmico do combustível

iv. Eficiência da caldeira

v. Temperatura da superfície de funcionamento

vi. Diâmetro do tubo/espessura da superfície

vii. Custo estimado do isolamento.

viii. Temperatura média do ar ambiente de exposição

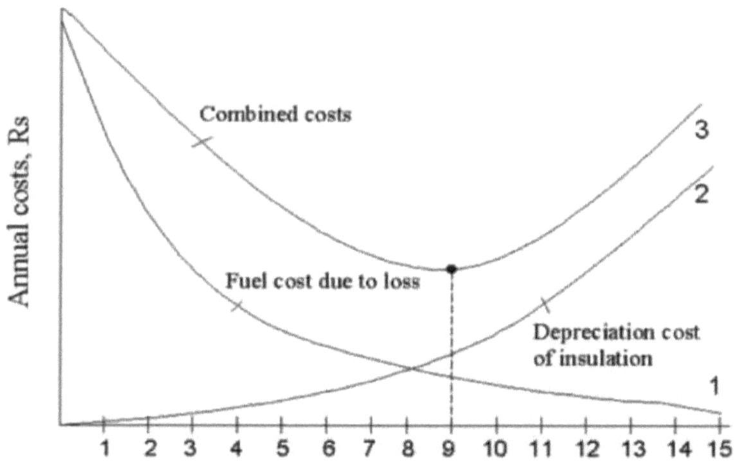

Determinação da espessura económica do isolamento

Cortesia: Isolamento e Refractários - Gabinete Britânico para a Eficiência Energética

		Espessura do isolamento		
Descrição	**Unidade**	Γ'	2"	3"
Comprimento do tubo. L	m	50	50	50
Nua Diâmetro exterior do tubo, d1	**mm**	168	168	168
Área da superfície do tubo nu, A	**m**^{a}	26.38	26.38	26.38
Temperatura ambiente, Ta :	$^{\alpha}$C	30	30	30
Temperatura da parede do tubo nu, Th:	'C	160	160	160
Temperatura desejada da parede com isolamento, Tc :	^{c}C	62	48	43
Material de isolamento :		Mineral Woo		
Temperatura média do isolamento. Tm = (Th+Tc)/2 :	'C	111	104	101.5

Sp-Condutividade do material de isolamento, κ (do catálogo) :	W/m C°	0.044	0.042	0.04
Emissividade da superfície do tubo nu:		0.95	0.95	0.95
Emissividade da superfície do revestimento de isolamento (normalmente Al)		0.13	0 13	0.13

Cálculos

Coeficiente de transferência de calor superficial da superfície nua e quente, h :(0,85+ 0,005 (Th - Ta)) × 10	W/m C^{2c}	15	15	15
Coeficiente de transferência de calor da superfície após o isolamento, h' = (0,31+ 0,005 (Tc-Ta)) x 10	W/m≡ C^{q}	4.7	4	3.75
Resistência térmica, R_{ltl} = (Th-Tc)Z[h' x (TeTa)] :	=C-m W^{2}	0.7	1.6	2.4
Espessura do isolamento, t = kx F⅛ :(se a superfície fosse plana)	mm	28.7	65.3	96.0
rı=diâmetro exterior/2 =	mm	84	84	84
$t_{\theta q}$ = r_2 x ln(r_2 Z r_1) = (selecionar r_2 de modo a que $t_{\theta q}$ = t)	mm	28.7	65.3	106.3
Raio exterior do isolamento . r =$_2$	mm	109.2	135.9	161.9
Espessura do isolamento	mm	25.2	51.9	77.9
Tubo isolado Área , A :	m^{2}	34.29	42.66	50.85
Perdas totais a partir de uma superfície nua. Q = h x A x (Th-Ta) :	kW	51.4	51.4	51.4
Perda total a partir da superfície isolada, Q' = h' × A' x-(1Гж) :	kW	5.16	3,07	2.48
Potência economizada com o isolamento, P = Q-Q' :	kW	46.3	40.4	49.0
Horas de trabalho anuais, n :	Horas	8000	8000	8000
Poupança de energia após o fornecimento de isolamento, E=Pxn:	kWh/ano	370203	386892	391634

Economias

Custo do vapor.	RsZkg	0.70	0.70	0.70
Custo da energia térmica, p :	Rs./kWh	111	1.11	1.11
Poupança monetária anual. S = E × p :	Rs.	412708	431313	436599
Fator de desconto para calcular o VAL do custo da perda de energia	%	15%	15¾	15%
Custo do isolamento (material + mão de obra)	Rs/m	450	700	1100
Custo total do isolamento	R≡/ΓΤΙ	22500	35000	55000
Custo anual da perda de energia	RsZano	46000	27395	22109
VAL do custo anual das perdas de energia durante 5 anos	Rs	154198	91832	74112
Custo total (isolamento e VAL da perda de calor)	Rs	176698	126832	129112

Cortesia: Gabinete de Eficiência Energética

O custo total é inferior quando se utiliza um isolamento de 2", pelo que é a espessura de isolamento mais económica.

- Fórmula simplificada para o cálculo das perdas de calor

S = [10+(Ts-Ta)/20] x (Ts-Ta)

Onde

S = Perda de calor à superfície em kCal/hr m2

Ts = Temperatura da superfície quente em oC

Ta = Temperatura ambiente em oC

Perda total de calor/hora (Hs) =S x A

Sendo A a área da superfície em m2

Com base no custo da energia térmica, a quantificação da perda de calor em Rs. pode ser calculada da seguinte forma

Perda de combustível equivalente (Hf) (kg/ano) =Hs x Horas anuais de funcionamento ---

GCV x пЬ

Perda anual de calor em termos monetários (Rs.)

= Hf x Custo do combustível (Rs./kg)

Onde

GCV = Valor calorífico bruto do combustível kCal/kg пЬ= Eficiência da caldeira em %

Cálculo da poupança de combustível		
Dimensão do tubo	=	φ 100 mm e 100 m de comprimento
Superfícieexistente(Al)	=	3,14 x 0,1 x 100 = 31,4 m^2
Área de superfície após o isolamento (A2)	=	3,14 x 0,23 x 100 = 72,2 m^2
Perda total de calor no sistema existente (SixAl)	=	2500 x 31,4 = 78500 kCal⁄hr
Perda total de calor no sistema modificado (S2x A2)		= 480 x 72,2 = 34656 kCal⁄hr
Redução das perdas de calor	=	78500 - 34656 = 43844 kCahhr
N.º de horas de funcionamento num ano	=	8400
Perda total de calor (kCal⁄yr)		=43844 x 8400 = 368289600
Poder calorífico do fuelóleo	=	10300 kCal⁄kg
Eficiência da caldeira	=	80%
Priceoffueloil	=	Rs.l5000⁄Tonelada
Poupanças anuais de fuelóleo	=	368289600/10300 x 0.8
=44695 kg⁄ano		

Cortesia: Gabinete de Eficiência Energética

Agradecimentos:

Gostaria de agradecer ao departamento de Metalurgia, NIT Durgapur, o apoio prestado para a realização do meu trabalho de investigação.

MIX
Papier aus verantwortungsvollen Quellen
Paper from responsible sources
FSC® C105338

FSC
www.fsc.org

Printed by Books on Demand GmbH, Norderstedt / Germany